Rituales de protección

Rituales de protección

Los mejores rituales, secretos y técnicas para estar siempre protegidos esotéricamente

---

Barbié Lavall

Diseño de cubierta y maquetación: Saul Rojas

Edita: Plutón Ediciones X, s. l.,
E-mail: contacto@plutonediciones.com
http://www.plutonediciones.com

Impreso en España / Printed in Spain

I.S.B.N: 979-13-87692-34-6
Depósito Legal: B-8516-2025

Dedicatoria

Para mi estimado "Pum", compañero infatigable de vivencias y "brujerías", como a él le gustaba decir; amigo, hijo, hermano y compañero durante diecisiete años. Me dejaste un gran vacío cuando te fuiste para siempre. *In memoriam.*

Para usted, Madame Yolanda. Maestra. Sin haberla conocido aquel soleado día en Niza, nada o apenas nada conocería del maravilloso y, en ocasiones, peligroso mundo de la magia y lo oculto. No la olvidaré nunca ¡Maestra! Esté donde esté, seguirá sonriendo y enseñando a sus alumnos qué es la verdadera magia. *In memoriam.*

A todos aquellos y aquellas que, en el mundo de la magia, han sabido encontrar un mundo, o un Camino si se prefiere, de crecimiento, de superación, de autoestima, incluso de ayuda a los demás en algunas ocasiones, y como se podrá ver en las páginas de este libro, de aprender a protegernos de algunos males y ataques que, en ocasiones, alguien puede desearnos a nosotros o a nuestros seres queridos.

Prólogo

En el mundo esotérico, como en la vida ordinaria, en ocasiones la mejor protección es devolver lo que nos desean, pero ante todo saber protegernos debidamente.

Armand de Sant Bernat, medievalista, colaborador de prensa y esoterista.

Como dijo en una ocasión el conocido escritor y pionero de la astrología española, Juan M. Badía, más conocido como Profesor Léster", "siempre es bueno tener a mano algo, lo que sea, para estar bien protegido ante un ataque esotérico o similar", y las circunstancia sociales en que vivimos actualmente en nuestra sociedad —principalmente la occidental—, sea por la vertiente un tanto negativa que muchos seres humanos han seguido en los últimos años, o por lo que sea, los ataques de tipo esotérico, sean para dañar en el trabajo, el amor, el dinero, la fortuna e, incluso en ocasiones y por desgracia la salud, van "in crescendo" y, antes esta desagradable situación, no está de más conocer unas buenas técnicas esotéricas, mágicas si lo preferimos, para, en un momento dado, saber y poder defendernos nosotros o a nuestra familia y amigos de cualquier "trabajo" que se nos haga por parte de gente que, o bien no nos estima, nos envidia o, directamente, nos odia.

Llegados a este punto hemos de indicar que cada vez son más, y lo sabemos de buenas fuentes, ya que hemos conocido no uno, sino diversos casos. Los "trabajos" que se hacen a una persona —no directamente por parte de un enemigo o rival—, sino por mediación de algún profesional de las artes ocultas y la magia —normalmente negra o roja— que, como si fuera un mercenario o contratista militar, incluso como cruel sicario, trabaja a una tercera persona contratado por alguien que sí nos quiere dañar pero que desconoce las técnicas necesarias para hacerlo.

Son muchas las maneras de hacernos daño, tanto a nivel personal como a nuestra pareja —si la tenemos— o la familia e íntimos amigos, incluso al negocio o al trabajo que nos da de comer cada día.

Los "ataques" los podemos recibir por envidia, celos, con motivo o sin motivo, pero no dejan de ser ataques que se hacen utilizando fuerzas ocultas y técnicas esotéricas que, por antiguas —ya que algunas se remontan a milenios en el tiempo—, pueden llegar a ser francamente peligrosas y nocivas para nosotros y nuestro entorno, social y familiar o sentimental.

Nosotros intentaremos, en las páginas de este libro que tiene en sus manos, explicarle diversas formas de protegerse a usted y a su pareja, familia, negocio y hasta la salud, de este tipo de ataques que algunos se toman a broma o como simples "cosas de otros tiempos" hasta que les afecta a ellos personalmente.

Explicar las distintas formas de protegerse en temas esotéricos nos podría ocupar no un libro, sino una verdadera enciclopedia de muchos tomos.

Desde que el ser humano tuvo sus primeros pensamientos transcendentes e intuyó que había un "más allá" y un "más acá", y que ambos "mundos" o "existencias" podían bien convivir, pero también ser enemigos, y que ciertas fuerzas y técnicas podían ayudar o perjudicar a los seres humanos, el hombre —y, lógicamente, la mujer— empezaron a buscar técnicas que les pudieran brindar un sistema defensivo, unas pautas de protección a las que tener acceso si fuera necesario.

La cultura más esotérica y mágica que ha existido en Europa desde hace casi tres mil años, los etruscos, misterioso pueblo de origen desconocido y que se instaló en una fecha inconcreta en la Península Itálica, tenían en cada pueblo o ciudad, un sector o barrio, si lo preferimos, donde vivían los "magos" —la palabra propia etrusca que utilizaban, por difícil de escribir la vamos a obviar— donde, hombres y mujeres, en ocasiones parejas sentimentalmente unidos, se dedicaban profesionalmente, en sus pequeñas casas de piedra y madera, a vender sus conocimientos y servicios esotéricos y mágicos, a los clientes que deseaban alquilar sus saberes, fueran para protegerse de trabajos y rituales negativos que alguien les estuviera haciendo—o eso creían ellos— fuera para dañar a otra persona, por Dios, envidia o justicia.

Estos profesionales de la protección o el fustigamiento esotérico a terceros recibían un nombre parecido a "avitomeus".

Con el tiempo estas formas de servicios fueron pasando a sus vecinos, los sabinos, samnitas y, finalmente, a los romanos, que perfeccionaron esta profesión mágica hasta puntos solo igualables en esos tiempos a egipcios, babilónicos y algo menos los griegos.

Una vez dejado claro que el tema de la protección ante ataques o trabajos de magia se remonta a milenios, vamos a adentrarnos, con la cabeza bien sentada y sin obsesionarnos, en una serie de diversas técnicas y rituales para podernos proteger cuando sintamos, intuyamos o sepamos seguro que alguien nos quiere dañar en cualquiera de las formas y maneras que nos pueden afectar en nuestra vida cotidiana.

Barbié Lavall

PRIMERA PARTE

Hogar, trabajo, Mal de ojo, salud
De qué debemos protegernos

No hagas daño a nadie sin motivo, pero si te tienes que proteger, aprende siempre con las mejores técnicas, para evitar que el remedio pueda llegar a ser peor que el daño que te desean.

Aurora Divina, esoterista, maestra de maestros, líder animalista y filántropa.

Hay personas que, cuando se quieren enfrentar con nosotros, recurren a la violencia física, y, en muchas ocasiones, esta gente termina ante la Justicia.

Sin duda, son gente peligrosa y a tener en cuenta; aunque existe otro tipo de enemigo, en ocasiones todavía más peligroso, que recurre a sistemas o formas de hacernos daño que no se pueden observar a simple vista, objetivamente, ni siquiera a nivel material, pero que nos pueden dañar a nosotros y nuestro entorno, familia, pareja, trabajo o negocio de una forma realmente terrible, y que, por desgracia, en muchas ocasiones nos damos verdadera cuenta cuando ya es demasiado tarde y el daño ya está hecho y es irreversible.

Por esta razón, —por desgracia más habitual de lo que muchos, diríamos que una mayoría piensan—, debemos conocer algunas formas, normalmente en forma de rituales, que nos puedan servir para protegernos de las malas intenciones de terceras personas.

En este libro vamos a presentar al lector o lectora algunas técnicas, normalmente rituales, que nos ayuden a protegernos de los distintos ataques que son más habituales en el mundo mágico-esotérico.

Sabemos que existen en el mercado muchos libros de rituales y magia casera, sin ir más lejos quien esto escribe es autora de varios, pero vamos a presentar, en estas páginas que tiene usted en sus manos, los que tienen como prioridad absoluta la protección, de aquí el título de este libro.

La autora ha decidido presentar estos rituales

de una forma parecida a pequeñas fichas monográficas, de manera que, cuando el lector o lectora necesite buscar uno en concreto, no tenga que recurrir a peliagudos sistemas de bloques —que en ocasiones le obliga leer otros rituales que no le interesan—, sino que, con solo consultar el sumario, pueda verlo y localizarlo fácilmente.

El orden en que presentamos en este libro estos rituales y técnicas de protección, ha sido elegido siguiendo los consejos que, hace muchos años, nos dio la que fue nuestra maestra, verdadera "maestra de brujas", vidente de extraordinarios poderes, y verdadera mujer sabia del esoterismo —según ella debido a sus muchas reencarnaciones— Madame Yolanda, que, siendo de origen español, concretamente andaluz, se asentó en la turística ciudad francesa de Niza, y desde allí, junto a su precioso y longevo gato Ramsés, formó y guio a decenas de hombres y mujeres—más féminas que varones— que hicieron de la magia y en general del esoterismo su vida, su profesión y su puerta de entrada al verdadero Saber.

Ella llamó a su forma de poner orden a lo que escribimos, sus "Archivos akásicos de la mujer sabia", nosotros hemos seguido sus consejos y así los encontrará usted, estimado amigo o amiga.

Una vez leído el libro, quizá el lector o lectora llegue a adivinar, o mejor a intuir el porqué de este orden.

Dicho lo cual, vamos ya a adentrarnos en el poderoso y muchas veces desconocido —y misterioso— mundo de los rituales y técnicas para la protección.

Protección para nuestro hogar

Nuestro hogar es el verdadero templo dónde reside la fuerza de nuestra familia.

Miguel de los Monteros Valiente, filósofo y viajero.

Para muchas personas, nuestra casa, nuestro hogar, el lugar donde pasamos la mayor parte de nuestra vida, donde, en ocasiones han nacido nuestros hijos e hijas, es el lugar más importante de nuestra vida. Por esa razón lo ponemos en las primeras páginas de este libro.

Un conocido filósofo decimonónico dijo en una ocasión, cuando le preguntaron por qué razón siempre había vivido en la misma casa que "una casa está hecha de ladrillos; pero un hogar está hecho de amor y sueños". Esta magnífica frase, que la autora tiene en un cuadro de madera en el recibidor de su casa, creemos que resume perfectamente por qué el hogar conforma uno de las cosas más importantes en nuestra vida y en la variada existencia que nos acompaña durante todo el ciclo vital.

El hogar es familia, nuestros seres amados, el archivo de nuestros más íntimos recuerdos, es nuestro mundo, nuestra vida, nuestro todo. Y por ello hay que protegerlo al precio que sea, importante razón por la cual hemos creído oportuno seleccionar el ritual de protección del hogar como uno de los más indispensables en el repertorio de técnicas de protección que debe de conocer cualquier persona interesada en la magia ritualista y casera y en el mundo del esoterismo en general.

QUÉ NECESITAMOS:

- Hojas de olivo.
- 4 velas (de color azul oscuro).
- 4 palos de incienso.
- 4 pergaminos redondos vegetales.
- Tinta blanca virgen.
- Una pluma de oca macho.

El ritual para nuestro hogar, paso a paso

En este ritual deben participar, como mínimo, la mitad más uno de miembros de la familia que viven juntos (si vivieran 3, mínimo dos; si vivieran cuatro, mínimo tres); de lo contrario, no es efectivo ya que se trata de proteger el hogar donde se vive. Asimismo, nos debemos asegurar que todos los participantes se tomen muy en serio el ritual, sino no sirve de nada.

Reunidos ya todos los participantes, en primer lugar, debemos coger las hojas de olivo y, sobre el suelo de la casa o donde estemos, haremos un círculo de medio metro de diámetro aproximadamente.

A continuación, cogeremos las cuatro velas de color azul oscuro y las pondremos dentro del círculo que hemos hecho. Entre vela y vela pondremos los cuatro palitos de incienso y cuando esté toda la familia reunida, el asistente más mayor encenderá las cuatro velas y los cuatro inciensos.

Inmediatamente, cada uno de los asistentes, por orden de edad (de más mayor a más joven) cogerá un círculo de papel pergamino y con la pluma impregnada de tinta blanca virgen, escribirá lo siguiente:

Por el poder de este ritual,
que de mi hogar se aleje cualquier mal,
y si algo malo está por entrar
que la fuerza del viento lo haga recular.

Cuando estén todos los pergaminos escritos, los pondremos en medio del círculo, justo en medio, uno encima del otro.

En el siguiente paso, el protagonismo debe tenerlo la persona más joven de la familia (recordemos que, en ningún caso, los menores de edad podrán participar). Dicha persona encenderá, con una cerilla, el grupo de pergaminos, para que se quemen todos. También encenderá las velas y dejará que se consuman hasta el final.

Finalizado esto, todos los miembros allí presentes formarán un círculo, cogiéndose de las manos, y dirán a la vez, y en voz alta:

Por el poder que nos concede esta unión
y porque nunca nadie nos podrá derrumbar,
apártense todos los males de nuestro hogar.

Una vez finalizado podemos estar ya tranquilos si lo hemos hecho exactamente como lo presentamos.

Si pasado unos años fuera necesario repetirlo de nuevo, no hay problema alguno, ya que, al tratarse de un ritual de magia blanca o casera, es muy difícil que pueda portarnos algo negativo o peligroso.

Cómo proteger nuestro trabajo

Son muchos los que se quejan de sus trabajos, pero todavía son más los que lamentan no poderlos tener cuando, por desgracia, lo han perdido.

Enrique A. Mozás, empresario, conferenciante, sociólogo y ex militar.

Desgraciadamente vivimos en unos tiempos turbulentos, en ocasiones viles por culpa de algunos, en los que tener un trabajo es una necesidad primordial, vital e incluso algunos —en ocasiones ya es tema un patológico— viven solo para trabajar.

Sin juzgar a nadie, sí que se puede afirmar que muchas personas, de distinto sexo, estamento, origen y edad, harían lo que fuera necesario para mejorar (o en ocasiones conservar) su empleo, incluso cuando este trabajo no nos guste, pero al fin y al cabo es lo que tenemos.

Pero no vayamos a creer ni remotamente que esta situación es nueva ¡en absoluto!

Hombres y mujeres hace siglos —o incluso milenios— que trabajan para poder vivir (o en ocasiones sobrevivir) de la mejor manera posible, pero hay que pensar, aunque sea un pobre consuelo, que ya en la Prehistoria se salía a cazar para poder comer y eso también era un trabajo para aquellas gentes.

El trabajo es, pues, uno de los factores más importantes en nuestra vida, y precisamente por ello los rituales para proteger el trabajo son uno de los más practicados en la magia ritualista y casera.

Qué necesitamos:

- 2 velas (una amarilla y una verde).
- Aceite trabajo.
- Un pergamino redondo vegetal.
- Raíz de mandrágora coupé.
- Carboncillos instantáneos.

El ritual protector, paso a paso

Una noche de luna llena cogeremos las dos velas. En primer lugar, untaremos con el aceite la vela verde y, seguidamente, la vela amarilla. Las pondremos una al lado de otra, de manera que la verde quede a la derecha y la amarilla a la izquierda de nuestros ojos y con una separación aproximada de un palmo entre ellas.

En medio de las dos velas pondremos la pastilla de carbón instantáneo y sobre ella media bolsa de raíz mandrágora coupé, cuidado con poner otra parecida, debe de ser "coupé" sin variaciones posibles.

Seguidamente cogeremos el pergamino troquelado redondo y escribiremos sobre él, en lápiz (jamás con tinta de ningún tipo, ni siquiera las famosas y poderosas "tintas vírgenes") la siguiente frase:

Trabajo siempre yo tenga,

y que, con él, el dinero y la tranquilidad
siempre a mí vengan.

A continuación, lo doblaremos y lo pondremos dentro del saquito junto con una raíz troceada de "coupé" de las que nos quedaron en la bolsa. Luego, encenderemos las dos velas (siempre con cerillas de madera) y seguidamente la pastilla de carbón con las hierbas mágicas. Cuando el humo empiece a fluir hacia arriba, diremos con voz baja y con la mente muy positiva:

Trabajo solo pido Señor
para tener una vida positiva,
y si alguna vez eso me falta
ayúdame con una faena alternativa.

Esta oración se dirá dos veces consecutivas y, a continuación, dejaremos que las velas se consuman hasta el final. El pergamino lo cortaremos en pequeños trozos y nos desharemos de él, preferiblemente enterrándolo.

El saquito con la raíz de mandrágora lo guardaremos en un lugar importante y secreto de la casa, y cuando vayamos a buscar trabajo, lo llevaremos siempre encima.

Procurar que nadie lo toque y menos que sea manoseado por otras personas.

Ritual de Protección contra el mal de Ojo

Muchos sonríen y hasta cruelmente se burlan cuando escuchan a otra persona quejarse o lamentarse que le han hecho un mal de ojo, pero, cuando creen que se lo han hecho a ellos, van pidiendo consejos y soluciones y hasta lloran de temor.

Mery de Meyer, esoterista, viajera, escritora y bruja sacerdotisa del "coven Risasa".

Para nadie es un secreto que, tanto en el pasado como en la actualidad, y desde que la brujería —incluso podríamos hablar de la hechicería— existe como tal, y los hechizos forman parte de las prácticas esotéricas y mágicas, la preocupación por el mal de ojo siempre ha existido (y existirá mientras haya seres humanos).

Desearle sinceramente —otra cosa es un mal pronto o arranque de ira pasajero— el mal a alguien o echarle "un mal de ojo" o "mirada del ojo izquierdo" como también lo denominan en algunos países de Hispanoamérica y Belice, es algo que se ha hecho desde los tiempos más remotos, y, de hecho, muchas personas se han iniciado en el esoterismo y la magia casera y ritualista con el único, o, por lo menos primordial, objetivo de protegerse de este tipo de maldiciones y "trabajos".

Tampoco escapa a la vista de nadie que el mundo en el que actualmente vivimos es, en general, un mundo extremadamente envidioso. La bondad, por desgracia, escasea, pero la envidia, que jamás es sana, abunda.

Eso provoca que cada vez más personas se sientan atacadas por el "mal de ojo" que alguien, sea un rival, un familiar envidioso, una mala amistad, una ex pareja, o cualquier tipo de enemigo, nos hace para dañar nuestra vida y la de los que nos rodea.

Es por todo ello que los rituales y "trabajos" contra el mal de ojo se han convertido en uno de los más practicados —y solicitados— en la magia casera y el mundo ritualista en general.

Qué necesitamos:

- Una vela blanca y una vela negra.
- Pergamino vegetal (jamás animal).
- Carboncillo para quemar, mejor que sea redondo como la Luna.
- Lágrimas de Balaal (hierbas) necesariamente muy secas (si están verdes puede ser contraproducente).

El ritual protector, paso a paso

Una noche, jamás debe de hacerse de día, después de cenar, y estando relajado, haremos lo siguiente. Cogeremos el pequeño pergamino que tenemos y escribiremos en él la siguiente petición:

Poderoso Heloim,

que este pergamino que yo cojo

con la ayuda de las Fuerzas del Bien
Me aleje de cualquier Mal de Ojo.

Seguidamente lo enrollaremos e, inmediatamente, cogeremos la pastilla de carbón y la encenderemos. Cuando empiece a desprender humo, pondremos las lágrimas —muy secas— de Balaal sobre la pastilla de carbón, utilizando la mano derecha.

Cuando las lágrimas empiecen a quemar, cogeremos las dos velas y, una vez encendidas, la blanca la mantendremos en la mano derecha y sobre el humo del carbón y las hierbas (cuidado con no quemarnos) y la vela negra con la mano izquierda y, con la cera que vaya cayendo de ambas manos (el Bien y el Mal, representados en ambos colores), iremos realizando un círculo de cera alrededor de la pastilla de carbón y las lágrimas de Balaal mientras, en voz suave pero firme, diremos siete veces, mirando las velas, la siguiente oración:

Maldad que alguien me envía,
aléjate de mí.

Desgracias que alguien me desea,
alejaos de mí.
Mal de Ojo que me persigues,
aléjate de mí para no regresar.

Seguidamente dejaremos quemar hasta la mitad (nunca entera) las velas y las apagaremos, guardándolas una vez frías, envueltas en papel de plata.

Los restos de carbón y hierbas quemadas debemos tirarlo en un lugar donde corra el agua. Jamás se nos ocurra guardárnoslo en casa. Podría ser muy negativo para nosotros.

ADVERTENCIA ANTES DE CONTINUAR

Para finalizar esta primera parte del libro vamos a añadir un pequeño ritual que tiene como objetivo proteger la salud.

Nos lo hemos pensado mucho antes de acceder a tocar el tema de la salud, ya que es algo muy serio y sabemos que hay personas que, bien por su manera de pensar, de ser o, incluso por tener una mente obsesiva, pueden sentir que están enfermas cuando verdaderamente no lo están, o incluso pensar que, con la magia y ciertos rituales, pueden estar siempre sanas, ya que se creen que están protegidos esotéricamente contra cualquier enfermedad o patología del tipo que sea.

Antes de presentar este capítulo queremos dejar bien claro que la salud y su cuidado es cosa de los profesionales de la salud.

Dicho lo cual, pasamos a continuación a presentar este ritual que tiene como primordial función la protección de la salud.

Ritual protector para la salud

Puedes tener mucha plata, mucha hacienda, mucha presencia física, pero si te falla la salud, eres un verdadero paria en busca de lo más importante para el ser humano.

Jaime Castori Patochini-Lapino (1956-2002), médico naturista, viajero y pensador.

La salud, preciado tesoro, nos permite a los humanos disfrutar de los otros aspectos y placeres cotidianos de la existencia diaria. Necesitamos conservarla e intentar por todos los medios no perderla.

Queremos dejar claro que, con este ritual, no existe ni mucho menos un deseo de crear falsas expectativas ni esperanzas en nadie. Es un rito, un ritual, una "labor" mágica y ritualista pensado para proteger la salud y que esta no empeore.

En ningún caso este ritual pretende sustituir los procesos médicos habituales ni los consejos e indicaciones de los verdaderos profesionales sanitarios, a los que siempre hay que acudir cuando nuestro cuerpo nos indica que algo no va bien.

Lo que necesitamos:

- Una vela verde y una lila.
- Agua bendita; en caso de no lograr conseguirla podemos utilizar también "Agua de mayo", o incluso, si residimos en la zona atlántica europea "Agua del dolmen", aunque sea difícil más de conseguir.
- Cuarzo rosa brillante.
- Carbón instantáneo redondo.
- Incienso de mirra (en grano).
- Pergamino vegetal redondo.
- Tinta virgen azul y pluma de oca macho.
- Bolsita de ante de color rojo (jamás debemos de usar en este ritual una bolsita de

color negro, tan siquiera oscuro, color de la muerte).

El ritual, paso a paso

Una noche impar en el calendario (1, 3, 5, 7, 11, 17, 19...) cogeremos el agua bendita y limpiaremos el cuarzo, a continuación, frotaremos con mucho cuidado y suavidad con el cuarzo rosa las dos velas, con precaución siempre que las velas no se rompan ni pierdan cera en la acción.

A continuación, bajo una ventana de la casa, colocaremos las velas separadas a por una distancia aproximada de unos 20 centímetros (un palmo). Tenemos que procurar que la vela verde queda a la derecha y la lila a la izquierda. Entre medio de las dos velas pondremos la pastilla de carbón instantáneo y sobre él, una cucharada de incienso.

Encenderemos las velas con las cerillas de madera, y a continuación, haremos lo mismo con el carbón.

Después, escribiremos con la pluma y tinta azul la frase "Salud tenga" en el pergamino redondo y, cuando ya esté seco, lo doblaremos por la mitad.

Entonces, cogeremos, en la misma mano derecha, el pergamino doblado por la mitad y el cuarzo rosa que habrá servido para ungir la vela, y lo pasaremos diversas veces sobre el humo tanto de las velas con del incienso y el carbón. Al hacerlo, diremos en voz alta y clara la siguiente oración:

No quiero riqueza, no quiero poder,
ni gloria, ni flores que poseer.
Solo pido salud, estar protegida,
que la vitalidad me (le) acompañe en la vida.

Esta oración será dicha tres veces seguidas, siempre haciendo los pases sobre las velas.

Cuando hayamos acabado nuestro recital, cogeremos el pergamino y el cuarzo rosa y nos lo pasaremos por todo el cuerpo, con suavidad, pero de manera firme y con pausada determinación.

Al terminar, quemaremos —con cerillas de madera, nunca encendedor de gas— el pergamino.

El cuarzo, ya debidamente ritualizado, lo depositaremos en el interior de la bolsita de ante roja, la cual, a partir de ese mismo momento, siempre llevaremos cerca de nosotros y no dejaremos que nadie toque no manosee jamás.

Ritual para proteger nuestros negocios, haciendas o proyectos profesionales

Los negocios, haciendas y proyectos profesionales, cuánto menos conocidos y tocados por terceras personas puedan ser, sin duda será mejor para nosotros.

Bartolomé Garrote Calasparra, empresario, viajero y estudiante de las ciencias herméticas y experto en kábala.

Este ritual tiene como objetivo primordial proteger y potenciar nuestro negocio o nuestra hacienda (fincas, dinero, etc.) o incluso futuros proyectos profesionales.

Pocas cosas causan más celos, envidias y rencores que el negocio y la hacienda de cada cual. Y, desde que el ser humano ha pisado este planeta, sabemos que, cuando hay celos, envidias y rencores, hay quienes no dudan en utilizar todo tipo de argucias, malas faenas y distintas técnicas, incluyendo la magia, para poder dañar a la persona envidiada, cuando no odiada.

Aquí presentamos un ritual para protegernos al respecto.

Qué necesitamos:

- Aceite de raíz de mandrágora: mejor que sea abundante; aproximadamente unos 125 centilitros.
- Aceite rojo de mostaza americana (las demás también sirven si no disponemos de la primera).
- Aceite dinero macerado siempre con ajonjolí para potenciarlo todavía más.
- Hierbas de la providencia que estén muy secas (verdes no sirven para este ritual).
- Tres chavos de santa Elena que hayan estado purificados con agua de mayo.

Modo de empleo

Algo primordial a tener en cuenta para este ritual es que lo debemos efectuar siempre de noche; nunca de día y menos con luz solar, y si podemos realizarlo con luna llena mucho mejor.

Dicho lo cual, pondremos en un recipiente de barro o madera, nunca metálico, el contenido de una botella de aceite de mandrágora (sobre 125 cl.), y dos botellitas más pequeñas: una de aceite de mostaza roja y la otra con aceite del dinero macerado.

Lo mezclaremos con una cucharita, igualmente de madera si puede ser —procuremos siempre en los rituales los productos o piezas que sean metálicas—, y añadiremos en su interior un generoso puñado de hierbas de la providencia.

Seguidamente, rezaremos tres veces seguidas en voz baja o incluso interiormente la siguiente oración:

Por el poder de la Divina Trinidad,
que el dinero, el trabajo y mi hacienda
jamás vayan a menguar,

y que el poder de estos chavos de Santa Helena de por vida me proteja.

Dejaremos que la mezcla macere y se impregne durante un par de horas y, seguidamente, pondremos en su interior los tres chavos de Santa Elena (pueden ser adquiridos, en packs de tres, en cualquier tienda esotérica).

Entonces lo dejaremos todo en el interior de la mezcla durante toda la noche y al día siguiente los sacaremos, purificaremos con Agua de mayo, limpiaremos con un paño que debe de ser blanco, estar muy limpio y ser mejor de algodón, y, a partir de ese mismo momento, llevaremos siempre encima (por ejemplo, en el monedero o la cartera) uno de los chavos, mientras otro lo dejaremos guardado en casa, y un tercero lo enterraremos para que se vaya cargando siempre de telurismo. El que guardaremos en nuestra casa, para evitar que sea tocado por terceras personas o manoseado, podemos, por ejemplo, guardarlo dentro de la caja fuerte, o junto a las libretas de ahorro o talonarios bancarios, o en nuestro joyero o, por lo menos en un lugar que no esté a la mano de cualquiera.

Estos chavos ritualizados se convertirán en nuestro mejor amuleto para que nos protejan de cualquier maldad relacionada con nuestros negocios, hacienda o futuros proyectos profesionales que tengamos en mente.

Perdone el lector o lectora por nuestra insistencia, pero es muy importante recordar que ninguno de los tres chavos ya trabajados puede ser nunca tocado ni manoseado por personas ajenas a nosotros. Conocemos personalmente casos de personas que dejaron manosear sus amuletos o productos personales ya ritualizados y, lo tuvieron que lamentar el resto de su vida.

Chavos de Santa Helena

SEGUNDA PARTE

Para empezar la segunda parte de este libro dedicado a las protecciones, hemos pensado que lo más apropiado era comenzar por el que, para muchos, es el más poderoso y clásico de todos los rituales dedicados a protegernos, tanto a nosotros mismos como a los demás, aunque, en este caso, su mayor efectividad está en la protección casi total ante ataques psíquicos y energéticos, tan abundantes cuando alguien nos tiene envidia o nos quiere dañar hasta el nivel de impregnarnos a distancia de malas vibraciones, lo que en el mundo de la alta magia ritual (no confundir con la más sencilla y popular magia casera) se denomina "ataque natiputa".

Conocido por muchos como "Ritual de la Maga Aurora", principalmente en diversos "coven" (grupos organizados de personas que practican la brujería) se viene utilizando en Occidente desde finales de la Baja Edad Media y principalmente fue muy común y utilizado en el Renacimiento italiano y francés, posiblemente debido a que es de origen lombardo (región italiana).

Para muchos es el ritual protector clásico por

excelencia, o como lo denominan en el norte de Italia y en la Provenza francesa, el "ritual protector de cabecera".

A continuación, se lo presentamos al lector o lectora paso a paso, para que lo tenga muy en cuenta a la hora de realizarlo.

Es fácil de realizar, siempre y cuando utilicemos los productos que se indican —no sirve improvisar—, y se siga todo como se nos indica a continuación.

Ritual de la Maga Aurora

Para protegernos de ataques energéticos y psíquicos

Existen personas que, voluntariamente o sin hacerlo ex profeso, pueden lastimarnos a nivel energético hasta unos puntos que, en ocasiones pueden ser letales. Cuidémonos de estos "vampiros energéticos"

Vladi Gómez-Esteban Gambino, filósofo y pensador esotérico.

Desgraciadamente, vivimos en un mundo feroz y enfrentado, por no decir directamente cainita, en el que cada vez hay más gente que tiende más a odiar y envidiar; en algunos casos y por desgracia, este tipo de gentes son más abundantes que la personas que, por el contrario, nos aman y protegen.

Para protegernos de cualquier tipo de ataque

energético o psíquico —salvo los que pertenezcan directamente a la magia póstuma—realizaremos el poderoso ritual que presentamos a continuación.

MODO DE EMPLEO

Una noche de luna llena elaboraremos un baño purificador y protector que meteremos en una botellita (sobre 125 cl.) de cristal, donde mezclaremos baño de ruda y la antiguamente tan usada en magia "agua de mayo". Pondremos mitad y mitad y dejaremos que se mezcle bien.

Dejamos pasar un par de horas para que la mezcla sea completa.

Seguidamente nos lavaremos muy bien ambas manos con esta mezcla.

Las secaremos con algo que sea de color blanco (mejor de algodón o fibras naturales). No usemos otro que sea de distinto color.

Seguidamente, con un generoso puñado de hierbas protectoras de Santa Rita formaremos un pequeño círculo del tamaño de una mano.

En el centro del círculo protector pondremos una vela azul —nunca un velón—, un color que simboliza, entre otras cosas, la protección psíquica y energética de uno mismo y también de las personas estimadas (pareja, familia, amigos, negocio, casa, incluso el trabajo y los sentimientos).

Hecho todo esto, cogeremos un pergamino vegetal —jamás debemos utilizar uno que sea de origen animal, pues puede ser muy contraproducente y hasta peligroso—, y escribiremos en él, mejor con una pluma de ave o una plumilla hecha de cualquier madera seca, y tinta virgen de color azul índigo o marino la palabra protección, añadiendo el nombre de aquello o aquellos que deseemos que sea protegido, tres veces.

En caso de querer la protección solo para nosotros, escribiremos nuestro nombre y a continuación la palabra latina Ego.

Seguidamente, tras encender la vela azul con cerillas de madera —jamás con encendedor de gas o gasolina— diremos siete veces, en voz baja pero profunda:

No pido dinero, poder, ni pasión,

solo pido una buena protección para (nombre de la persona).

No pido riqueza ni otro don,

solo pido que mi (madre, amigo, hermano) tenga protección.

Por las Fuerzas del Bien ruego,

que cualquier mal que me aflija,

arda cómo arde el fuego de esta vela.

Una vez hecho esto, quemaremos, con mucho cuidado de no lastimarnos, el pergamino vegetal con la bamboleante llama de la vela encendida, la cual debemos dejar que arda justo hasta la mitad de la vela.

Una vez quemada media vela y el pergamino, inmediatamente nos volveremos a purificar lavándonos de nuevo las manos con el baño purificador y protector —mezcla de baño de ruda y agua de mayo— que resta en la botellita. Hasta la última gota del frasco.

Seguidamente, guardaremos, bien apagada —cuidado con no guardarla todavía muy caliente—, lo que queda de la vela y las hierbas del círculo en una bolsita de color azul claro o fuerte, y lo dejaremos todo bien guardado en algún lugar de la casa dónde no le toque nunca el sol y, lógicamente, que nadie tenga acceso a manosearlo, ni siquiera a tocarlo.

Este ritual de protección puede realizarse cada año solo una vez, ya que no por mucho hacerlo tendrá más poder.

Antes de terminar indicaremos que este ritual —ya lo hemos dicho anteriormente—, apenas sirve si los ataques provienen de la muy misteriosa y poco conocida generalmente "magia póstuma", ya que, en este caso se trata de ataques muy peligrosos y que debemos trabajar o tratarlos de otra manera que abordaremos más adelante en este libro, pero de forma independiente a este ritual de la Maga Aurora.

La macabra Magia póstuma, los ataques más peligrosos

En el mundo esotérico, lo humano es relativamente fácil de combatir, pero lo que no es humano o ha dejado de serlo para pasar a otros planos distintos, es mucho más difícil y peligroso.

Mery Meyer, escritora y bruja.

Como hemos indicado en el anterior ritual de la "Maga Aurora", hay ocasiones en que, para protegernos de los ataques, debemos de ir con mucho cuidado, pues son realmente peligrosos y difíciles de combatir.

Y si no podemos protegernos por nosotros mismos deberemos buscar ayuda exterior de la mano de algún profesional de la magia, aunque hay que tener cuidado e informarse antes de acudir a uno, puesto que muchos no son realmente lo que dicen y no serán de ayuda, más bien solo servirán para perder dinero y tiempo.

Vamos a presentar aquí un ritual muy popular desde hace siglos, pues se tiene noticia de él desde la Alta Edad Media, ritual para evitar que un ataque de magia póstuma pueda afectar a nuestro hogar, y a quienes en él habitan, ya que una de las peculiaridades de estas malas y negras artes esotéricas consiste en entrar en las casas de quienes serán sus víctimas.

Antes de abordar este delicado ritual comentaremos, por si fuera el caso que el lector o lectora no lo conociera, que la Magia póstuma, es la parte más oscura —junto a la magia roja y magia negra— y siniestra de todas —siete son las más conocidas— las magias que existen en el mundo.

Como no vamos a extendernos en este tema diremos que, en el caso de la Magia póstuma, el operador utiliza energías o entes que ya han fallecido para sus fines, cuestionables y macabros.

Nos vamos a limitar a explicar cómo identificar un posible ataque de dicha siniestra magia. Y, seguidamente cómo protegernos de ella.

Los síntoma y señales más evidentes de que alguien está utilizando "algo" (démosle el nombre que queramos) o alguien, por ejemplo, un ente ya desencarnado, para hacernos algún daño, serán los siguientes:

Malos olores que nos acompañan o, peor, que impregnan nuestro hogar o nuestro negocio; principalmente la habitación donde dormimos y muchas veces, por desgracia, donde duermen los más pequeños de la casa.

Paulatina pérdida de fuerza y energía sin motivo —algún tipo de enfermedad— que sepamos.

Inapetencia sexual y pérdida de la libido de una forma alarmante e inexplicable.

Nos rehúyen los animales de compañía, aunque nos encanten desde siempre.

Pérdida de la concentración y recurrentes obsesiones de cosas negativas.

En estos casos, la protección puede ser bastante variada, dependiendo de los síntomas y lo furibundo del ataque, hasta que podamos conseguir que "aquello" que nos atormenta desaparezca de nuestro entorno.

Algo primordial, y como todos sabemos muy peliculero son los baños de sol. Estos ataques, de quién sea o lo que sea se debilitan bastante con la luz solar y se crecen con la niebla.

Si notamos que en nuestra casa últimamente está sucediendo algo raro, y que empieza a oler mal sin motivo alguno, normalmente a huevos podridos o a basura fermentada de mucho tiempo, una manera de combatir y expulsar estas malas energías tan siniestras es quemar cada mañana, al levantarnos y cuando nos vayamos a dormir, una mezcla generosa de dos hierbas que se han usado desde tiempos inmemoriales para desinfectar los lugares de malas energías y entes malignos. Y que juntas son muy poderosas para estos sucesos.

Cogeremos cada vez un generoso puñado de "hierba espanta mavitas" y otro de "hierba espanta diablo" y las mezclaremos, añadiendo seguidamente un pequeño puñado, por ejemplo, una cucharada sopera, de incienso de Qatar, y, si no lo podemos encontrar (cuidado con imitaciones) de benjuí (el de Belice es muy bueno).

Una vez todo bien mezclado, lo pondremos en distintos lugares de nuestra casa, principalmente junto a las ventanas y la puerta de entrada, y, con cuidado de no provocar un incendio, lo colocaremos sobre carbón instantáneo especial para rituales —llevan algo de pólvora no explosiva o "carpantia" que dicen en algunos lugares— y los encenderemos, hasta que hayan quemado completamente.

Una vez hecho esto, dejarnos el humo una hora aproximadamente para que trabaje y limpie y, seguidamente abriremos todas las ventas de la casa para que marche aquello que ha quemado y aquello no deseado que se ha quemado y desinfectado.

Lo haremos tantas veces y por tanto tiempo como sea necesario, hasta que notemos que, poco a poco—jamás se soluciona de un día para otro— los malos aromas y demás síntomas personales van desapareciendo hasta hacerlo por completo.

Una vez conseguido y durante una semana —depende de la fuerza del ataque póstumo— recomendamos colocar, repartidas por toda la casa, varias "Piedra de Ara", y cada noche antes de irnos a la cama recitar tres veces en voz alta la oración —es especial— que toda "Piedra de Ara" verdadera debe de llevar.

Cuidado con imitaciones orientales que están a la venta con la oración e indicaciones en lenguas asiáticas e inglés y contiene un simple trozo de alabastro sin poder alguno.

Este tipo de trabajo o ritual nos puede ayudar y mucho para combatir y protegernos de peligrosos ataques relacionados con la macabra y siniestra Magia póstuma, que tanto daño nos puede provocar a nosotros y a los nuestros, ya que, en estos casos concretos estamos hablando de un tipo de magia que utiliza "entes" o seres malvados que ya no están ni pertenecen a nuestro mundo.

La protección en estos casos es más que necesaria, ya que, pueden llegar a ser, en algunas ocasiones, muy letales.

El ritual protector perdido del mago Cornelio Agripa

Hombre que tiene conocimientos superiores de magia, es hombre que siempre estará preparado para protegerse de males insanos deseados por terceros.

Paracelso (Suiza, 1493-1541), mago, astrólogo, médico y célebre ocultista.

El gran Cornelio o más conocido como Mago Agripa (1486-1535) es posiblemente el mago más famoso y renombrado de su tiempo, y su trilogía titulada "Los Tres libros de filosofía oculta" es igualmente famosa a nivel mundial en el mundo del esoterismo y las llamadas Ciencias Ocultas. Estudió muchas artes mágicas y ciencias del momento. Destacó y se hizo famoso en campos tan dispares como el ocultismo, filosofía, alquimia, ciencia cabalista, medicina, astrología y, aunque muchos seguidores suyos actuales lo quieran negar, el germano fue un versado —y temido por algunos— nigromante.

En dichos libros, Agripa explicaba que lo que conocemos como magia funcionaba en tres niveles: la magia natural o alquimia, la astronomía y la magia basada en conjuros a los espíritus.

Creía que todo en la magia tenía su origen en la divinidad (la que fuera); aunque, hacia los tumultuosos años 1528-1530, Agripa experimentó un curioso cambio de actitud, ya que aparentemente creía que sus profundos conocimientos ocultos le podían condenar al Infierno para toda la eternidad.

Importantes y conocidos investigadores del mundo de lo oculto como Luis Utset —especializado en misterios religiosos—, Bosch-López, el siempre enigmático italiano Ferdinando Monetti Pescara achacan este cambio de posición, más bien al temor a quedar marcado por la Inquisición y terminar sus días en una lúgubre y húmeda mazmorra o quizá peor, en la temida y siempre presente hoguera inquisitorial.

Sea como fuere, parece ser que, en los últimos años dedicados al estudio de las artes y ciencias ocultas, estaba escribiendo una especie de grimorio que estaría formado por distintos rituales que él practicaba, o bien había ido recopilando de boca de otros magos y ocultistas de la época, sin descartar que, en su infatigable deambular por distintos países —siempre por el mundo oculto— hubiera encontrado algún antiguo grimorio de magia, y de él hubiera conocido antiquísimos rituales o prácticas mágicas.

En 1954 se encontró, en una antigua librería francesa, un viejo y carcomido libro de principios del siglo XVI que algunos investigadores especializados creyeron que podía haber sido obra de Agripa.

No se llegó a publicar de forma convencional, aunque sí se hizo una muy reducida edición facsímil, muy difícil actualmente de encontrar o consultar. Se cree que el original acabó en una biblioteca particular en la siempre misteriosa y fascinante ciudad de Venecia.

De esta misteriosa obra de cuya autoría nadie puede estar seguro, aunque todo apunta a que pudiera ser obra de Agripa en sus últimos años de estudio de la magia, nos han llegado varios rituales, quizá un tanto modernizados, uno de los cuales tenía como función la protección y "limpieza energética" de quien lo practicara.

Vamos a reproducirlo a continuación, dejando claro que creemos que es una modernización de mediados del siglo XX, aunque siguiendo la esencia primordial de Agripa, y por lo tanto válida para cualquier practicante de la magia.

Protección, mago Agripa Dixi

La Divinidad todo lo puede, todo lo domina.

Todo en el universo tiene y desprende vibraciones. Esas vibraciones pueden ser positivas o negativas para el ser humano, rey de la Creación, lo cual incluso puede extenderse para cualquier ser vivo, aunque no tenga alma.

Estas energías, si el hombre conoce los secretos y poderes de la magia, pueden ser dirigidas a voluntad y en muchos casos se impregnan en una persona, dificultando aquellas tareas diarias que nos corresponde hacer, incluidas nuestras relaciones sentimentales y de trabajo.

Para protegernos y evitar esta carga de energías y fuerzas negativas que de forma voluntaria o involuntaria nos rodean y nos impregnan en ocasiones, debemos de conocer alguna forma para defendernos y que así nos permita defendernos y desprendernos de ellas.

El ritual que yo conocemos, es fácil y muy efectivo.

MODO DE EMPLEO

Cogeremos una noche de Luna Nueva antes de acostarnos una vela o candela verde, y la rodearemos con sal negra —nunca sal de cocina— haciendo un círculo de dos palmos de diámetro a su alrededor.

Seguidamente, cogeremos otra de color naranja y haremos lo mismo, pero con la sal marina, dejando entre vela y vela, y sus correspondientes círculos una distancia de un palmo aproximadamente (unos 20 cm).

A continuación, entre ambas pondremos un trozo de carbón o una pieza de lignito de Toscana, y sobre ella depositaremos una cucharadita de mirra purificadora.

Cuando esté todo preparado, encenderemos

cuidadosamente primero la vela o candela verde, seguidamente haremos lo mismo con la de color naranja y, finalmente, el carbón o lignito con mirra.

Cuando todo empiece a arder y humear, cogeremos una piedra de altar o un trozo mediano y muy puro de mármol o alabastro blanco —jamás debemos de usarlo si procede de un camposanto— y muy suavemente haremos nueve pases con ella sobre el humo que desprenden las velas o candelas y el ardiente trozo de carbón o lignito de Toscana con la mirra, mientras recitamos en voz baja y nuestra mente concentrada nueve veces la siguiente oración.

Por voluntad o sin ella,
malas energías me rodean.
Son producto de problemas y maldad,
y de mí, Sagrada Divinidad, quiero para siempre alejar.

Seguidamente, pasaremos nuestra mano derecha primero, y la izquierda después, sin llevar ningún anillo, por encima del humo, con mucho cuidado de no lastimarnos, y, así, la purificaremos y nos protegeremos de malas energías o maldades externas que hayamos podido recoger, o hayamos recibido por encargo y odio de enemigo oculto, pues son las manos del hombre y, mucho más las de las mujeres uno de los lugares donde más se concentran las vibraciones ponzoñosas y la maldad hecha siniestra energía.

Una vez hecho esto, y con la piedra de altar o el trozo de mármol o lignito de la Toscana, bien agarrada con la mano derecha, le tiraremos nuestro aliento —como Dios hizo con nuestra madre Eva en el Paraíso— para personalizar aquella sagrada piedra y que se convierta en nuestro talismán protector y limpiador durante muchos años.

Hecho esto, la pondremos dentro de una bolsita o canuto de tela, y una vez en su interior, y mientras acaban de arder las velas, nos pasaremos alrededor de todo nuestro cuerpo, pero sin apenas tocarlo, a menos de un palmo de él, la bolsita o canuto de tela que contiene nuestro talismán protector, y con su paso y mágica compañía, irá destruyendo o alejando todas aquellas energías maléficas y negativas que nos rodean, por muy antiguas y poderosas que puedan llegar a ser.

No dejar nunca que nadie, tan siquiera nuestra esposa, esposo o hijos, toque nuestro sagrado talismán, y en el caso de que así fuera, sumergirlo durante siete noches y siete días seguidos en un vaso con agua bendita para volverlo a purificar.

Cornelio Agripa

Novena para la protección y purificación

Novena de la protección
Los nueve baños de la protección

La actual situación económica, laboral y social hace que las malas energías, cuándo no la peor maldad, corran libremente entre nosotros y debamos, por verdadera necesidad, protegernos de todo aquello que nos puede dañar a nosotros o a nuestras personas más estimadas.

Incluso puede ser nocivo para nuestros trabajos, proyectos o negocios.

Sin contar las muchas ocasiones en que gente mala, negativa, rencorosa, cruel, nos manda intencionadamente farios o malas energías y ambientaciones negras —en este caso se denominan así cuando se trata de perjudicarnos en el ámbito de las relaciones sociales—; las realice o trabaje el propio enemigo si tiene conocimientos ritualistas y de magia, o en algunos casos —más numerosos de los que muchos piensan—, solicitados por encargo a verdaderos profesionales de las diferentes magias, que conocen muchos secretos, rituales y trabajos y técnicas para dañar a alguien por encargo.

Cuando vemos que todo nos sale mal, posiblemente se trate de una recarga personal de energías negativas que llevamos encima impregnadas, quizá desde hace mucho tiempo y sin saberlo nosotros.

Para estos casos, tenemos esta potente novena de la protección que nos ayudará a purificarnos y recobrar el equilibrio perdido.

La novena: cómo y cuándo empezarla

Algo primordial para esta novena de la protección es que la empezaremos siempre en viernes. Importante: si lo hacemos en otro día no sirve para nada.

Cada día, bien de buena mañana, o bien por la noche (jamás en pleno día) nos lavaremos o ducharemos utilizando los baños de la protección o descarga conocidos como "baños de la novena", que podemos hacernos nosotros mismos, mezclando a partes iguales en una botella grande de cristal —jamás de plástico— estos tres "baños de descarga" que mencionamos a continuación:

- Baño de Ruda.
- Baño de Romero.
- Baño de Lavanda.

Una vez estén los tres juntos en el recipiente deberemos de agitarlo muy bien, mejor hacerlo con ambas manos, hasta que notemos que se han mezclado totalmente.

MODO DE EMPLEO

Mientras nos duchamos o bañamos con el baño de la protección diremos nueve veces seguidas la siguiente oración:

Esta agua me limpia; este baño me purifica y ante todo me protege.

Por todo ello, a las Fuerzas del Bien y al Señor todo Poderoso les pido que de mí se aleje todo aquello físico o espiritual que me perjudica a mí y a todas mis gentes queridas.

Amén, amén, amén.

Una vez dicho nueve veces, nos secaremos y aclararemos con agua clara todo el jabón del cuerpo. Hasta que no quede ni una sola gota de dicho jabón purificador.

Lo haremos los nueve días seguidos. Sin dejarnos ninguno. En el caso de dejarnos o bien olvidarnos de hacerlo un solo día, deberemos de empezar de nuevo esta novena por el principio.

Puede hacerse tanto con agua caliente, templada o incluso fría, pero, con la determinación de no olvidarse ni un solo día, ¡es muy importante!

En ese caso, y como ya hemos dicho anteriormente y no nos cansaremos de repetir, deberíamos empezar de nuevo la novena de la protección, ya que en este ritual concreto tiene una gran importancia el factor numerológico, de allí que se denomine Novena.

Novena de Santa Teresa

TERCERA PARTE

ORACIONES Y PLEGARIAS CON VELAS PARA PROTEGERNOS

Sin duda existen cientos de oraciones y pequeñas ceremonias caseras para poder protegernos a nosotros mismos y a nuestros seres queridos.

De hecho, hemos visto en tierras italianas meridionales algún libro escrito en esa lengua que era un monográfico sobre cien oraciones para buscar o pedir la protección; fuera mediante peticiones claramente cristianas, concretamente católicas, y también otras distintas que eran puro sincretismo religiosos, en las que distintas religiones y creencia se cruzaban y asimilaban entre ellas, algo muy común en las creencias de casi todas las religiones y cultos de todo el mundo.

Como este libro que tiene usted en sus manos no es, ni lo intenta, un trabajo monográfico sobre oraciones y peticiones al respecto, hemos decidido escoger las que creemos más interesantes y que van acompañadas, todas ellas, de cierto aspecto mágico-esotérico, ya que, en la mayoría, intervienen velas y algunos productos totalmente pertenecientes al mundo del esoterismo y la magia casera y blanca.

Oración y vela protectora de San Cipriano

Oración

Te pido de corazón y alma, San Cipriano, que alcances a defenderme y protegerme de cualquier mal que a diario se me presente a mí o a mis seres queridos.

Te ruego, poderoso San Cipriano, que no permitas nunca que nadie ni nada me haga daño ni a mí ni a los seres que amo; así mismo te ruego que me liberes de pensamientos o trabajos de terceras personas que me odian, tienen celos de mí, o que, simplemente por maldad, me desean daños y pesares.

Para expresarte mi gratitud, enciendo esta sagrada y poderosa vela que lleva tu nombre y ha sido tratada con tus famosas hierbas, y espero que esta pequeña ofrenda sirva para poder pagar toda la protección que yo te imploro.

San Cipriano poderoso, protégeme a mí y a los míos durante toda nuestra existencia. Amén, amén, amén.

VELA

Seguidamente encendemos, hasta que se termine de quemar totalmente, una vela orgánica —cuidado, no sirve cualquiera, ya que, debe de ser la de San Cipriano, las cuales siempre llevan su oración y debe de ser orgánica, o sea, trabajada con sus hierbas— (y, mientras arde, diremos, muy concentrados en lo que hacemos, esta oración tres veces durante tres días seguidos.

San Cipriano

Vela de protección y oración a San Lázaro

Oración y uso

Yo te imploro, San Lázaro bendito, tú que venciste a la muerte y fuiste ejemplo de vida eterna. Te ruego, te imploro, te pido que me protejas y me ayudes cuando me enfrente a cualquier lucha, peligro o desafío, tanto aquí en la tierra o como en el Cielo.

Dame el valor necesario, sabiendo que el mal que otros me quieran nunca me vencerá.

Dame consuelo, recordando tu fuerza y poder, sabiendo que tú incluso venciste a la muerte. Quédate conmigo, ahora y siempre para protegerme de cualquier mal que me pueda afligir a mí o las personas queridas que lo son todo para mí en esta vida.

Para que tu protección sea completa, yo enciendo en tu nombre y pensando en ti esta vela de la protección para que la luz llegue a ti y jamás dejes de protegerme. Amén.

Vela

Seguidamente cogeremos la vela orgánica de la protección y, la pondremos en un círculo de unos 20 centímetros de diámetro aproximadamente, hecho con ruda muy seca.

Una vez quemada toda la vela, recogeremos con mucho cuidado la cera de la vela orgánica y los restos de la ruda —recordemos que debe de estar muy seca— y lo pondremos en el interior de una bolsita de tela blanca o azul muy claro —mejor algodón o fibras naturales— que guardaremos en algún lugar de nuestra casa, y que nos deberá servir como poderoso talismán para protegernos de los males y maldades de terceras personas. No dejar que nadie la toque.

San Lázaro

Petición de protección a Santiago

Oración, petición y velas

Santiago valeroso y poderoso, guerrero bravo, defensor de los necesitados, que defendiste a la cristiandad de la gente que la odiaba al abatir con tu espada y tu lanza al enemigo, te solicito humildemente que vengas en mi auxilio y, ante todo, que me des protección de los ataques y malos deseos que la mala gente, sea quien sea, me desea, de las emboscadas mal sanas, los peligros, las dificultades, las aflicciones y enfermedades.

Protégeme con tu poder, escóndeme y defiéndeme de mis malvados enemigos, sean quienes sean, de mis perseguidores, de mis injuriadores, de los rencores y envidias ajenas, de las magias negras, rojas y póstumas, hechizos y maleficios que me puedan hacer o desear.

Tú, guerrero de la Luz, vencedor de mil batallas ante el peor y más feroz enemigo.

Protegido con tu fuerza, permite que los míos y yo podamos seguir caminando por las sendas de la vida, a través de los mares y la tierra, de noche y de día, hora a hora, mes a mes, año tras año, y mis enemigos no puedan dañarme para nada, pues yo estoy protegido por tu poderosa bendición, ¡guerrero de la Luz, soldado del Señor!

Te ruego que nos bendigas y protejas a mí y a mis seres amados, y que nos ayudes a estar protegidos toda la vida. También te ruego, te imploro, que conserves nuestra salud, y nos sanes y protejas mi persona, mi sagrada y amada unidad familiar, y no dejes que decaiga mi salud espiritual y emocional ni tampoco físicamente.

Santiago, guerrero de la Luz, protégeme con tu espada, tu lanza y tu poder.

Una vez hayamos recitando esta oración, encendemos tres velas. Una roja, otra amarilla y la otra verde y, cuando empiecen a quemar cogeremos un poco de aceite de sándalo y nos frotaremos las manos con firmeza, seguidamente, con la ayuda del dedo índice de la mano derecha que habremos empapado con este aceite de sándalo

—fácil de conseguir, incluso de hacerlo nosotros mismos— nos haremos la señal de la cruz en la frente. Pudiendo hacer lo mismo también a las personas amadas que deseemos que estén también protegidas por el santo.

Dejaremos que las velas quemen hasta el final.

Santiago, guerrero de la Luz

Santa Marta, protectora y sus velas

Santa Marta es uno de los personajes más solicitados para todo tipo de ayudas y protecciones dentro de lo que podríamos denominar, aunque a cierta gente le pueda no gustar, "cristianismo mágico".

Esos rituales en los que, a quien se invoca, pide, ruega, reza para que nos ayude, proteja, sane, aconseje, es un santo o santa del santoral cristiano.

No por ello deja de ser un ritual mágico, pero de magia blanca, donde seres de Luz, personajes con Poder y llenos de bondad que han llegado a los altares, nos pueden ayudar y proteger, y desde hace muchos siglos así sucede en miles de casos.

Me contaban hace unos meses en el principal comercio de productos esotérico del país, que la santa o santo más solicitado en el mundo esotérico para el tema de velas protectoras era Santa Marta.

Por dicha razón, vamos a presentar, en esta parte del libro, un pequeño ritual para pedir protección a Santa Marta, patrona y facilitadora de muchos y diversos favores a quienes le rezan e invocan.

Protección de una persona amada o de nosotros mismos

Este pequeño ritual lo vamos a empezar un viernes de luna creciente o, si podemos, pues es mejor todavía, el día 29 del mes, y lo haremos una vez a la semana durante tres semanas seguidas.

Escribiremos en una vela roja —a Santa Marta siempre se la debe de relacionar con una vela de dicho color, no con otro— desde la base hacia la mecha el nombre de la persona a la que queremos que se proteja o nuestro propio nombre si lo que pedimos es protección para nosotros, encendiendo seguidamente —con una cerilla de madera— y colocando delante una estampa de Sta. Marta, las siguientes palabras:

Santa Marta, divina protectora de quienes lo necesitan, yo te enciendo esta vela para que protejas mis necesidades, socorras mis miserias y venzas todas las dificultades como venciste la fiera brava que tienes a tus pies; para ti no hay imposibles, dame suerte y dinero para cubrir mis miserias y necesidades, protege a —en caso de ser para otro se cita el nombre de dicha persona— para que nadie le pueda dañar.

Así, santa amada y querida mía concédeme que yo (en caso de ser para otra persona citar su nombre) pueda vivir tranquilo sin que nadie me dañe, sin que nadie me haga mal, sin que malas magias y argucias puedan arruinar mi vida o de mis seres queridos.

Concédeme la protección que yo te pido para aliviar mis penas por el amor de Jesús, Santa Marta virgen, que al monte entraste, las fieras bravas espantaste y con tus cintas las ataste, y con tu hisopo las amansaste. Así santa mía protégeme (si es para un tercero citar su nombre).

Santa Marta escúchame ampárame, y por encima de todo protégeme por el amor de Dios, amen.

Otra manera más sencilla de protección. Las tres velas de Santa Marta protectora

Existe otra manera más sencilla de pedir protección a Santa Marta en caso de notar los primeros síntomas, si intuimos que estamos siendo atacados, afectados o trabajados por terceras personas por medio de algún tipo de técnica o ritual esotérico y mágico.

Consiste en quemar por la noche, cada viernes, durante tres semanas seguidas—nunca empezar con Luna menguante—, tres velas rojas de Santa Marta que un día antes habremos uncido generosamente con aceite de ruda, y seguidamente, un par de horas antes de encenderlas, secaremos cuidadosamente —tengamos cuidado de que no se partan, pues entonces no servirían— con un paño de lino o de algodón totalmente limpio y de color blanco o azul celeste, jamás rojo o negro.

Una vez encendidas las tres velas recitaremos, relajados y mirado fijamente las ondulantes llamas, la siguiente oración:

Santa Marta divina y bondadosa portadora del gran Poder.

Santa Marta amada, que con tu ayuda y las velas que te enciendo nadie me haga mi suerte perder.

Santa Marta divina, que con tu ayuda y las velas que te enciendo nadie me haga mi salud perder.

Santa Marta poderosa, que con tu ayuda y las velas que te enciendo nadie me haga mi paz y tranquilidad perder.

Santa Marta, yo te adoro, yo te ruego, yo te imploro que, bajo tu mando sagrado yo sepa que de todo lo malo tú siempre me vas a proteger.

Dejar que las tres velas se quemen pausada pero firmemente hasta el final.

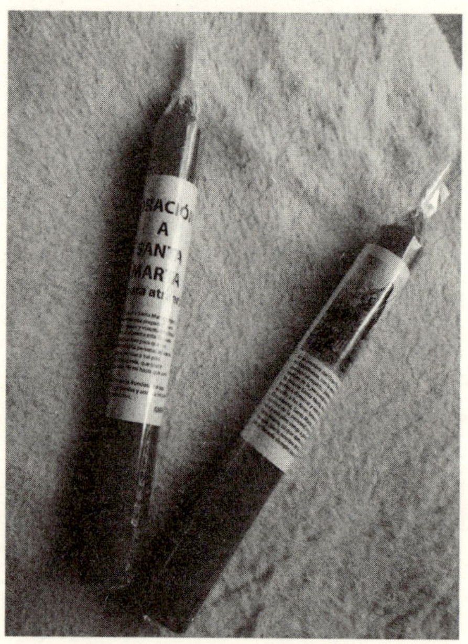

Velas de Santa Marta

Miscelánea para la protección

Presentar un listado de distintos objetos que se vienen usando esotéricamente para la protección sería una labor de meses, quizá años y que necesitaría de varios volúmenes de gran cantidad de páginas.

No es la función de este libro que tiene en sus manos, aunque, sí que hemos creído oportuno y hasta necesario presentar una seria de objetos del mundo esotérico que son muy usados, en algunos casos desde hace más de dos milenios, para protegernos. Acompañados cada uno de unas breves instrucciones o indicaciones.

Para ello, y para estar actualizados en aquello que en los últimos tiempos más se usa para la protección "portátil", si se nos concede la licencia literaria, o sea, lo que cada cual lleva encima para sentirse protegidos, hemos dedicado algunas tardes a entrevistarnos con los encargados de las principales tiendas y distribuidoras esotéricas de nuestro país para que nos indicaran cuales son, en este caso los amuletos, más usados, por lo tanto vendidos en los últimos años, que hombres y mujeres que buscan la protección llevan encima.

Hemos de dejar claro que hemos rechazado de plano dos que, por ser de origen animal, creemos poco éticos para usar y llevar encima, pues en su momento pertenecieron a un ser vivo.

Vamos a presentar en este capítulo, en esta pequeña miscelánea esotérica, los amuletos más usados en la actualidad para la protección, así como la vela orgánica, o sea ya trabajada que, junto a las de Santa Marta, ya mencionadas anteriormente, se usan para mayor seguridad.

PROTECCIÓN DE LA LUNA BRUJA

Es este uno de los amuletos u objetos mágicos más usado para la protección desde tiempos remotos.

Su diseño y composición ha podido cambiar con el paso del tiempo, pero el simbolismo y su Poder siguen siendo el mismo.

Desde el lejano paleolítico, el hombre y sobre

todo la mujer, rindieron culto a Selene, la Luna bruja. Poseedora de gran poder, este símbolo —fabricado con distintos materiales según lugar y época—, reproduce la Luna, que, con su poder, sirve para guardar, principalmente, a las mujeres, pero también, en este caso, a los hombres, de todos los males que la rodean. Este amuleto puede ser personal y también, si ha sido regalado de corazón, servir para nuestras personas más allegadas y estimadas.

Al adquirir por primera vez este amuleto, siempre debe de bautizarse con aceite de ruda o, en caso de no tenerlo de salvia, y, mientras lo bauticemos, diremos tres veces seguidas el nombre de la persona a la que proteja o, si es para nosotros mismo, lo diremos cinco veces.

No dejaremos que nadie lo toque y lo llevaremos encima siempre que podamos para estar más protegidos.

La Figa o Jiga, la decana de la Protección

Si un amuleto o símbolo es, desde hace milenios, representativo de la protección entre los pueblos mediterráneos, ese es la figa o "higa"

Un clásico de la antigua Roma, según todo parece indicar, ya siglos antes fue usado por los misteriosos y esotéricos pueblos etruscos y también por los belicosos sármatas. El símbolo conocido como "higa" o "figa", es considerado como uno de los mayores objetos o amuletos protectores.

Se utiliza desde siempre para proteger tanto a las mujeres cómo a los hombres, sean de le edad que sean, de todos los males que nos rodean.

Este amuleto puede servir a nivel personal, así como para proteger a nuestras personas más estimadas. Al adquirir por primera vez este amuleto, aquella noche lo limpiaremos o purificaremos con aceite de mandrágora o de verbena y seguidamente diremos mentalmente tres veces el nombre de la persona que deseamos que guarde. Seamos nosotros mismo u otra persona.

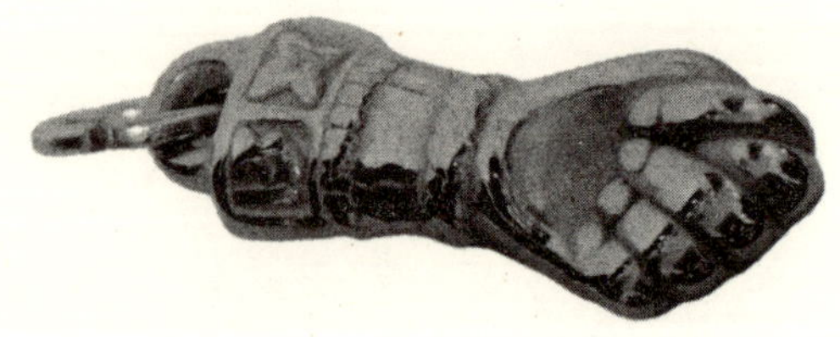

Nudo de las brujas Protección en el ataque y también en la defensa

El Nudo de las Brujas anula los hechizos y la negatividad que nos pueda dañar, convirtiéndose en un eficaz medio de defensa y ataque para las personas que, o bien trabajan con la magia, o, en otros casos, de quienes están siendo víctimas de un ataque esotérico.

Los cuatro brazos de la cruz están vinculados con los cuatro principales elementos de la magia natural (agua, fuego, tierra, aire).

Este ancestral amuleto de protección de origen celta, es un poderoso símbolo que ha trascendido en el tiempo debido a su profundo y hermético simbolismo y su capacidad de ofrecer protección contra hechizos y energías negativas.

El origen de este símbolo se remonta a prácticas ancestrales brujeriles, cuando las brujas entrelazaban cordeles y cintas de colores (casi siempre rojas y nunca de color negro), para crear este poderoso amuleto protector de todo mal.

MODO DE ACTIVARLO:

Una cosa es tenerlo por haberlo adquirido en un comercio esotérico o te lo haya regalado alguien. Otro muy distinto, para que desarrolle y actúe con todo su poder protector es activarlo debidamente.

Lo dejaremos al aire libre una noche entera en que haya Luna llena —que no llueva— para que se impregne y llene de energías celestes. Al hacerse ya de día lo mojaremos o bautizaremos, como se denomina esotéricamente, con un poco de aceite puro de oliva y, si tenemos en casa, mucho mejor con aceite de laurel, dejándolo impregnar sobre una hora, para, a continuación, secarlo cuidadosamente, pero con energía con un paño muy limpio de algodón o lino de color blanco; una vez hecho diremos tres veces seguidas:

Por todos los elementos,
(agua, fuego, tierra, aire).
Por la madre Selene, la diosa Luccina,
El dios Lug, y por Solón,

que este nudo me ayude y proteja, tanto para el ataque como en la defensa y me dé siempre, fuerza y protección, todo lo cual a este poderoso nudo de bruja le pido con mucha devoción.

Al finalizar, lo depositaremos encima de un poco de sal gruesa —mucho mejor que la sal común de cocina— y a partir del día siguiente por la mañana ya lo podremos utilizar para nuestro fin.

Una vez activado, se utiliza como amuleto protector y debe de llevarse puesto sea cómo pulsera, colgante o cómo deseemos, siempre muy cerca de nuestro cuerpo, procurando que nunca sea tocado por manos que no sean las nuestras, ya que entonces puede perder, o inluso quedar anulada total o parcialmente su efectividad.

Existe una variante de este famoso amuleto protector, y aunque se parece bastante, en este caso está potenciado.

GRAN NUDO POTENCIADO DE LA DIOSA MADRE Y SUS BRUJAS Y BRUJOS PROTECCIÓN CONTRA MALDADES Y NEGATIVIDADES

El potenciado y protector nudo de la diosa madre y sus brujas y brujos repele los hechizos y la negatividad, la maldad y la insania, convirtiéndose en un muy eficaz y poderoso medio, no solo de protección y de defensa, sino también de ataque contra quien nos quiere dañar a nosotros o a nuestra gente estimada.

Al igual que el anterior, los cuatro esbeltos brazos góticos de la cruz están vinculados con los cuatro principales elementos con los que habitualmente trabaja la magia natural: agua, fuego, tierra, aire.

Este ancestral símbolo de protección de origen celta, es un poderoso arquetipo mágico que ha trascendido en el tiempo debido a su misterioso, oculto y hermético simbolismo y su innata capacidad de ofrecer protección contra males de ojo, ataques psíquicos, emponzoñamientos astrales y energías negativas.

Como el anterior, el origen de este objeto se

remonta a prácticas ancestrales de Magia Natural, donde los brujos y las brujas entrelazaban, en pleno bosque, raíces, lianas, cuerdas, cordeles y cintas, principalmente de colores rojos, carmesí o morados para rodear y potenciar —de aquí su nombre— el objeto protector que estaban fabricando para su uso o de las personas estimadas.

CÓMO SE ACTIVA:

Lo llevaremos siete días, o sea una semana entera, en contacto directo con nuestro cuerpo —aunque sea en un bolsillo o colgado del cuello—y seguidamente lo dejaremos tres noches al aire libre —no puede ni deba mojarse— para que la Luna lo impregne y cargue de su energía celeste.

Seguidamente se recita cinco veces seguidas y con voz alta y potente la siguiente oración:

Por la Divina Aurora, Gran Madre donde las hubiera.

La siempre fiel diosa Impessa,

los dioses de los bosques, y por el gran genio Gedeón,
que este nudo potenciado me ayude y proteja,
y me conceda para siempre su protección.

A partir del mediodía siguiente ya lo podremos utilizar para nuestra propia protección.

LA PROTECCIÓN DEL AMULETO RÚNICO

Los amuletos rúnicos se encuentran entre los protectores más antiguos de la Humanidad. La combinación de tres símbolos rúnicos con las famosas hierbas druidas, confieren a este amuleto un poder considerable.

En diversas tumbas y enterramientos escandinavos de los primeros siglos de la Edad Media se han encontrado restos —algunos en bastante buen estado de conservación— de este amuleto protector, tanto en tumbas de adultos como de niños, lo que nos lleva a suponer que era estimado no solo para proteger al vivo, sino también al muerto en su otra vida.

CÓMO SE UTILIZA:

Para quien esté interesado en cómo se usa se lo indicamos a continuación.

Cogeremos tres runas protectoras de cuarzo rosa, cada una con el símbolo correspondiente para la protección, por la noche y antes de acostarnos; las pondremos dentro de una bolsita que contenga hierbas druídicas.

Dejaremos las tres runas en su interior, en contacto directo con las hierbas durante 24 horas exactas, y seguidamente las sacaremos, las limpiaremos con un paño o tejido blanco de lino o algodón —nunca material sintético—, y las pondremos en el interior de un saquito de tela. Las hierbas, una vez utilizadas, deben tirarse al lavabo o un lugar donde haya agua corriente.

Este amuleto protector, debe de llevarse siempre muy cerca nuestro o entre nuestras cosas más cercanas, y jamás deberá de ser abierto por ninguna persona ajena a nosotros; tan siquiera debe de ser tocado por otras gentes.

PODEROSA VELA ORGÁNICA DE LA PROTECCIÓN

De entre todas las velas, velones y candelas supuestamente especiales para nuestra protección que corren por el variado mercado esotérico, sin duda la más utilizada y valorada es —junto a la de Santa Marta ya mencionada en páginas anteriores— la vela orgánica, o sea preparada y trabajada de la Protección, que debe de llevar siempre sus hierbas pegadas a ella y su correspondiente oración, pero no una cualquiera, sino la verdadera y especial para este caso.

Primero vamos a ver qué tipo de bautizo, o sea, rebozo pegado a la cera, lleva.

El rebozo que debe de llevar toda verdadera vela orgánica para protegernos, debe de estar compuesto por una mezcla muy seca y machacada —siempre en almirez o mortero de piedra o madera, nunca metálico— de las siguientes plantas mágicas: ruda, lágrimas de balaal, hierbas de la Providencia, flor de Santa Rita y muérdago viejo.

Una vez encendida y que empiece a humear, diremos siete veces con calma, pero firmeza, la oración correspondiente que siempre debe de llevar incluida cuando la compremos:

Vela del Señor, vela del Todo poderoso.
Vela de poder, vela de virtud, vela protectora.
Tú, que todo lo puedes.
Tú que ayudas a tus Hijos,
igual en la Tierra como en el Cielo,
haz que, jamás
los males que me rodean,
los peligros que me asolan,
los obstáculos que me penan,
la maldad que quiere dañarme, pueda alcanzarme.
Tú, que eres el Azul del Cielo,
y el Blanco del Paraíso,
no consientas jamás
que nada ni nadie
pueda perjudicarme.
Por tu Poderoso y Santo Corazón,
Dame para siempre toda tu sagrada Protección.

Seguidamente la dejaremos quemar hasta el

final, y la cera que quede la guardaremos —ver que esté bien apagada— en una bolsita de color rojo muy bien oculta en algún rincón de nuestro hogar.

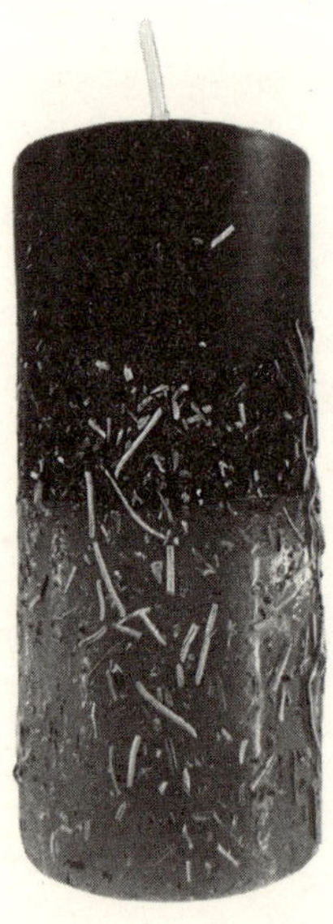

Vela orgánica de protección

Una reflexión antes del epílogo

¿Solo protegerse o mejor contraatacar? Un caso concreto

Una experiencia vivida vale más que mil charlas teóricas.

Miguel Gómez-Montero y Valiente, humanista, aventurero y deportistas de élite.

Como autora he pensado mucho en si debía de escribir e incluir lo siguiente o no, ya que en él se relata un caso concreto y totalmente verídico.

Muchos años, más de cuatro décadas, caminando por el mundo del esoterismo, lo oculto y la magia han hecho que conozca diversas formas y rituales, no solo para defendernos en caso de un ataque de este tipo, sino también diversas maneras no solo de rechazarlo y vencerlo, sino de, llegado el caso, devolverlo y, en algunas ocasiones, de forma muy potenciado.

No es, ni mucho menos, la intención de este libro ni de la autora enseñar al lector o lectora lo que muchos llaman la "magia boomerang", o sea, devolver el ataque.

Es muy conocido el ya viejo y clásico dicho que asegura que "la mejor defensa es el ataque"; y no será esta autora quien lo niegue, pero tampoco lo fomente. El lector sabrá.

Cada cual conocerá cómo reacciona y qué desea ante ciertos tipos de ataques o trabajos de magia dirigidos contra nosotros o nuestros más cercanos e íntimos familiares.

Hay quien se conforma solamente con defenderse, superarlo o evitarlo.

Otros en cambio, más viscerales o vengativos —¿justicieros?— tal vez sientan el deseo imparable —y en ciertas ocasiones lógico— de devolver el mal con otro mal.

Solo por curiosidad, en caso que quien lea este libro quiera intuir la opinión personal de la autora, comentaré una anécdota que, quien tenga ojos para ver y mente para pensar y deducir, podrá dar como respuesta.

Hace bastantes años, en un congreso de magia y brujería que se celebró en el sur de Francia, cerca de la bonita ciudad medieval de Pau, quien esto escribe dio una ponencia sobre maldiciones y trabajos de magia.

Terminada la ponencia y durante el breve debate posterior, una mujer del público preguntó si alguna vez había sido víctima de algún ataque de este tipo y si lo podía explicar brevemente, así como mi reacción.

Me lo pensé unos segundos y, por cortesía y gentileza al público asistente que me escuchaba le respondí que, siendo más joven, una mujer, conocida tarotista y públicamente reconocida —al menos así se anunciaba y promocionaba en ciertos medios de comunicación— practicante de las magias negra y roja, había hecho un trabajo de magia negra— clásico muñeco negro con cintas rojas clavados con alfileres de cabeza redonda y todo ello generosamente bañado en el terrible aceite diablo—, a una persona muy estimada por mí, y, fuera por una simple y desgraciada casualidad o por el poder que realmente algunos trabajos y rituales de magia negra y roja tienen, aquella mujer a la que tanto estimaba desde niña fue encontrada, con poco más de cuarenta años, muerta en su escalera, sin que siquiera ninguno de los médicos pudieran confirmar con certeza la causa de la muerte.

De hecho, se barajaron varias hipótesis entre embolia, ictus y otras posibles causas, pero ninguna con certeza.

Ante aquella lamentable desgracia, y, por qué mentir, por ¿venganza? ¿Justicia? ¿estupidez y soberbia humana?, puse en marcha ciertas técnicas y rituales mágicos que aprendí de joven de la mano de mi adorada maestra esotérica Madame Yolanda, de quien hablo en diversos libros y ya he citado anteriormente en este trabajo.

El resultado fue que, apenas cinco días más tarde me comunicaron que la supuesta causante de la muerte de la mujer a quien tanto estimaba, resultó atropellada por un conductor ebrio al salir una noche de una conocida sala de fiestas donde había asistido para tirar el tarot. Murió en el acto.

¿Fue simple casualidad?, ¿tuvieron algo que ver mis conocimientos ritualistas? Jamás lo sabré —y actualmente, y si he de ser sincera, prefiero no saberlo—, pero dejo aquí esta anécdota para que el lector o lectora saque, si lo desea, sus propias conclusiones.

De hecho, me he permitido el pequeño juego o licencia de contar esta anécdota, dejar al lector o lectora pensar, y al final, en el epílogo que ahora viene, terminar el libro con una delicada pregunta que, cada lector o lectora podrá, si así lo desea, hacerse así mismo.

Bondad y ayudar al prójimo, siempre y más si se puede, pero poner la segunda mejilla cuando alguien quiere dañarnos o dañar a quienes queremos, quizá haya mucha gente que no está dispuesta a aceptarlo.

Recuerdo que la famosa viajera y escritora M. Méyer confesaba casos parecidos, y no temía ni tenía remilgos a la hora de dar su opinión personal, aunque a ciertos lectores pudieran parecerles algo crueles sus confidencias.

Esas pequeñeces domésticas que nos pueden proteger

No queríamos finalizar este libro sin presentar algunos pequeños objetos, incluso seres vivos que, a lo largo del tiempo han demostrado que pueden servirnos de protección si los mantenemos cerca de nosotros. Por ejemplo, en nuestro hogar.

El más famosos, aunque vilipendiado por muchos ignorantes, es uno de los animales doméstico más famoso desde hace más de cinco mil años, el gato.

Ya los antiguos egipcios habían intuido que el gato es un animal mágico y que atrae la protección a los hogares, incluso a los negocios.

Empezaron por adorar a una diosa gata, Bastet, a dedicarles una ciudad entera, Bubastis, situada en el delta del majestuoso río Nilo, y a llenar sus hogares de pequeñas figurillas representando tanto a la diosa gata como a su hijo,

Miu, convencidos de que, aquellas divinidades les iban a aportar protección a toda la familia. Sin olvidar que, casi en cada hogar egipcio, vivía como mínimo un gato, aunque en ocasiones tenían muchos más, siempre deseosos de conseguir su protección.

Desde finales del siglo XVII, en que la caza de brujas disminuye en los territorios británicos, el gato de color negro pasa a ser considerado como un animal protector de los hogares, y, en algunas zonas, de los niños. Y, lo mismo sucede en diversos países nórdicos y bálticos.

Curiosamente, gente inculta e ignorante sigue pensando que tener un gato de color negro atrae la mala suerte. ¡Osada es la ignorancia!

Los gatos, cuanto más mayores de edad mejor, pues son como batería con pelo que se van cargando con los años, desprenden vibraciones y energías que, no solamente tranquilizan a quien vive con ellos, sino que absorben y destruyen un buen número de energías y vibraciones negativas y nos protegen de ellas.

Otra curiosidad que tenemos en casa y que es muy fácil de utilizar para proteger nuestro hogar es la harina de trigo y el agua de lluvia, fácil de recoger cuando llueve. Ya lo usaban en muchas ocasiones los griegos y los romanos y, en algunos casos, los bizantinos, herederos naturales de ambas culturas.

Recogían algo de agua de lluvia, mejor si era diurna —la nocturna la utilizaban para otras magias caseras— y la mezclaban con simple harina de trigo.

Elaboraban una masa y la ponían durante tres días con sus noches en la puerta —o puertas se eran más de una— y las ventanas de la casa.

Seguidamente la recogían, ponían al fuego, y elaboraban una especie de galleta o pan, que, dejaban durante doce meses en algún lugar de la casa como si se tratara de un talismán o amuleto protector.

Algo parecido también se hacía —¿se hace todavía?— en diversas zonas de Turquía y de Armenia.

Se hacía una vez al año.

Desde los tiempos de los antiguos griegos, y mucho antes los aqueos, micénicos y cretenses, una forma de proteger los sentimientos, principalmente los relacionados con la pareja o el amor, consistía en cada luna llena —nunca en luna nueva— rociar la entrada de la vivienda con unas cuantas gotas de perfume o colonia de coral rojo, el cual ya recogían algunos pescadores o protobuzos en aquellos tiempos por el Mar Egeo o Tirreno, y, seguidamente, se elaboraba artesanalmente en unos muy especializados talleres de algo parecido a lo que actualmente llamamos perfumistas, donde cada artesano-perfumista tenía sus propios secretos de elaboración, muchas veces relacionados con ciclos lunares o periodos astrológicos.

Entre muchos pueblos del Mediterráneo oriental, y más tarde exportado a tierras más occidentales, era —y sigue siendo— habitual, para proteger una casa y a los que allí viven, poner, distribuidos por toda la vivienda, unas pequeñas conchas, o más concretamente "botones de caracol marino" que se conocen, ya que todavía se vende en algunos comercios esotéricos y muchos pescadores las consiguen ellos mismos, las llamadas "Ojos de Sophía", siempre bien nacaradas.

La autora conoce a varias videntes, tarotistas y magas y magos que llevan colgados en su cuello, normalmente engarzados en oro o plata, a modos de bonitas joyas, diversos "Ojos de Sophía" para protegerse de las malas energías de las que pueden infestarse durante sus rituales mágico o, incluso, cuando están trabajando en alguna sesión de tarot, videncia o adivinación.

De origen fenicio, cuando hace casi tres mil años llegaron a tierras del Mediterráneo occidental, ha perdurado la creencia o costumbre de, cuando alguien de la familia está enfermo, para proteger al enfermo y también a los que no lo están, pero pueden enfermar o contagiarse, cada mañana tirar por el suelo un generoso puñado de "lágrimas de balaal" muy secas y machacadas en un almirez o algo parecido.

Se deja todo el día y, por la noche, antes de acostarse, se barre bien todo el piso y se tira al lavabo o en alguna corriente de agua lo barrido, para deshacerse de las lágrimas de balaal que, se supone, han recogido todo lo negativo que hubiera en la casa y protegido de contagiarnos.

Se podría escribir todo un grueso libro de estas curiosidades que, desde tiempos inmemoriales, se han venido utilizando para proteger nuestra casa, negocio, seres estimados o bien a nosotros mismos.

En este libro nos limitamos a presentar a los lectores algunas de estas maneras domésticas y sencillas para protegernos fácilmente.

Epílogo

Ya hemos llegado al final de este trabajo que tenía, como único objetivo, informar y dar a conocer al amable lector o lectora que existen en el mundo de la magia y el esoterismo diversos métodos, técnicas y rituales para protegernos de aquello que, en ocasiones involuntariamente, y en otros casos a propósito, nos pueda afectar gravemente en nuestra vida cotidiana o en la de las personas que estimamos.

No seamos tan cándidos de pensar que los continuos y sorprendentes avances tecnológicos de nuestro trepidante mundo lograrán cambiar ciertas mentalidades.

Siempre habrá gente buena y otra que querrá dañar a su semejante, y que, en algunos casos, si no puede hacerlo por sí mismo, contratará los servicios de terceros que sean profesionales.

Ya lo hemos dicho anteriormente. Desde que el ser humano empezó a caminar y tener visiones trascendentes y deseos personales, han existido hombres y mujeres de toda clase que, por maldad, venganza, envidia, celos o simplemente porque son malos, han deseado el mal, en todos los aspectos, a los demás.

Por esta innegable y triste situación, hemos pensado que siempre es bueno conocer algunas técnicas, secretos y sencillos rituales que nos puedan aportar algo de confianza y conocimiento para protegernos de rituales, trabajos o similares que alguien, sea quien sea, nos pueda hacer para dañarnos física, profesional, sentimental o emocionalmente a nosotros o en ocasiones a nuestros seres queridos.

En este libro que usted acaba de leer podrá conocer algunas técnicas, secretos y rituales que son solamente la punta del iceberg de todo lo existente para poder estar protegidos esotéricamente.

Finiquitaremos este trabajo con una simple, pero quizá dura, por no decir cruel, reflexión. Ya lo hemos adelantado anteriormente al comentar un caso concreto vivido por la autora. Sin duda, tenemos todo el derecho del mundo para protegernos y defendernos cuando alguien nos quiere o desea cualquier mal a nosotros o en ocasiones a nuestros seres amados, pero, llegados a este punto, dejaremos una pregunta al aire: ¿Tenemos derecho también a devolver este mal a quién nos lo desea a nosotros o a los nuestros?

Barbie Lavall, en algún lugar perdido, telúrico y solitario de una septentrional sierra montañosa y con fama de brujeril y mágica desde hace más de mil años.

Bibliografía

Como hacemos siempre al terminar una obra, y para mayor información, si lo desea, del lector, presentamos una breve —pero creemos que también completa—, bibliografía de libros que pueden ser una buena ayuda para quien quiera profundizar en el tema que es el protagonista de este libro.

Hemos intentado que la mayoría fuera de fácil adquisición o localización, fuera en papel, e-book o en los modernos dispositivos de KD.

Algunos otros títulos de esta lista pueden ser accesibles mediante los cada vez más prolíficos servicios de "hunter book" que están proliferando en las principales capitales españolas y desde hace un tiempo en diversos países de Hispanoamérica.

Queremos hacer constar que, esta bibliografía, lejos de guardar el habitual orden alfabético, sea por el nombre del autor o el título, la hemos presentado, como hacemos en otras ocasiones, pensando en la importancia didáctica de cada libro, por muy subjetivo, que sin duda lo es, que pueda parecer.

Esperamos y deseamos que esta breve pero escogida bibliografía sea del interés y ayuda del lector o lectora que, amablemente, nos ha acompañado en este recorrido por el mundo de las protecciones esotéricas:

Autodefensa psíquica. Dion Fortune, Editorial La Falguera.

Guerras mágicas. Dion Fortuen, varias editoriales.

El atelier del mago y la bruja. Barbie Lavall. Plutón Ediciones.

Ojo por ojo, la guerra esotérica. Varios autores. Gómez Editor- Ediciones Bastet.

Diario íntimo de una bruja. Barbie Lavall, Plutón Ediciones.

Los rituales mágicos. Barbie Lavall. Plutón Ediciones.

ABC de la brujería. Luis Utset, Ediciones Bosch.

Grimorio del Papa Honorio. Varias editoriales.

Cera de Tinieblas, memorias de una bruja. Fran Renedo. Ediciones Librecos.

Vudú, magia y brujería. Douchán Gersi. Editorial Año Cero.

Las claves de Lug. Maestro Juan. Grupo Protusa ediciones.

La Cataluña bruja. Miguel G. Aracil. Editorial Bastet.

Diccionario Infernal. Colin de Plancy, Editorial Táber.

Los secretos del Infierno. Anónimo. Recomendamos, principalmente para coleccionistas, por su exactitud y excelente traducción, el facsímil publicado en 1988 por R. Marré (Selecciones Mágicas-BCN) y Josep María LLácer.

El gran poder de la Velas. Bartolomé Yayo. Editorial Bera.

El libro de los Rituales mágicos. Ramón Farragug. Ediciones Dentron.

La magia. Joaquín Grau. Ediciones Bruguera (Mora La Nueva).

Los prodigios de la Rosa de Jericó. Barbié Lavall. Alpha Omega Ediciones (Karma).

Magia Casera súper fácil. Ramón Plana. Ediciones Karma-Alpha Omega.

El gran libro de las maldiciones. Miguel G. Aracil, Plutón Ediciones.

Magia fácil para el ama de casa. Paty Bravo. Alpha Omega ediciones.

Magia y brujería práctica. Marisa Borde-Molt. Autoedición.

Rituales I y II. Anónimo. Ediciones Arcanus-Líber.

Rituales prácticos para la Magia Casera. Mery Meyer . Editorial Bastet.

Runas, el oráculo de las piedras sabias. Mery Meyer. Editorial Bastet.

Runas y magia. Bartolomé Vazmayak. Editorial CINEB.

Jung y el tarot. Sallié Nichol. Editorial Kairós.

Las mejores defensas esotéricas. Varios autores, Ed. Bastet.

Sacrificios y Rituales. Félix Llaugé (Mago Félix). Editorial Bruger.

Amuletos y talismanes. Cómo hacerlos por ti mismo. Varios autores, coordinado por Gemma Serra-Singla. G. Editores Editorial Bastet.

Velas de Fortuna y poder. Mery Meyer. Editorial Bastet.

Velas de Poder, velones de Fortuna. Barbié Lavall. Grupo Editorial Protusa.

Verdades y mentiras de la magia. George Graus. Editorial Mito.

Varitas mágicas y otros abalorios ritualistas. Varios autores. Distribuciones CT Mágica).

Libro Supremo e Historia de la Cruz de Caravaca M.G. Aracil Protusa.

Rituales con velas. Profesor José Luis Nuag. Alpha Omega.

Costumario y calendario Mágico. Editorial Marré (Antigua CYMIS).

Magia y abalorios. Anónimo. Ediciones Montero.

Secretos de infierno (edición facsímil) Distribuciones C.T. Mágica.

Hierbas y remedios caseros. Luis Ripoll. Ediciones H.M.B.

Magia práctica celta. M. Hoppe. Ediciones Edaf.

Velas y velones para el bien. Miguel Monti, C-T. Mágica distribuciones (preparación).

Melquisedec y el misterio del Fuego. Manly P. Hall. Ediciones Kier.

Grimorios y trabajos mágicos solo para personas muy avanzadas en Alta Magia.

Liber aneguemis (Libro de las leyes), también conocido como *El libro de la vac*a (Liber Vaccae), *La vaca de Platón* o *Activarum Liber Institutionum.*

Albanum Maleficarum, siglo X, escrito en árabe y de autor desconocido.

El Picatrix, siglo XIII. Anónimo.

El Heptamerón, de Pietro d'Abano, hacia el año 1290.

El Manual de Múnich, del siglo XV.

El libro blanco y negro de la Alta Magia. De autor o autores desconocidos y desde hace décadas, muy difícil de conseguir, últimamente corre por el mercado de libros de colección alguna espléndida edición facsímil a la venta, aunque casi siempre a un precio un tanto prohibitivo para la mayoría de los bolsillos.

Índice

TERCERA PARTE